GianMaria Polidoro

Beato Ju

Apostolo

ELLEDICI

SERRA INTERNATIONAL

EDITRICE VELAR

Breve cronologia

- Frate Junipero Serra nasce il 24 novembre 1713, a Petra, nelle Isole Baleari, in Majorca.
- Per rispondere alla vocazione religiosa entra nell'Ordine dei Frati Minori e il 15 settembre 1731 emette la professione religiosa, prendendo il nome di frate Junipero (Ginepro).
- È ordinato sacerdote tra il 1738 e il 1739. Ottiene la cattedra di Filosofia e Teologia presso l'Università Lulliana.
- Nei primi mesi del 1749 si reca nelle missioni d'America insieme al discepolo Francesco Palòu che gli resterà accanto per tutta la vita.
- Giunge a Città del Messico il 1° gennaio 1750, accolto dai Francescani del Collegio apostolico San Fernando. Dopo cinque mesi parte per una missione tra gli indios. Diventa superiore nelle 5 Missioni della Sierra Gorda.
- Dal 1758 al 1767 è nuovamente al Collegio apostolico di San Fernando come predicatore.
- Junipero è nominato superiore della missione della Bassa California: insieme ad altri 14 compagni vi giunge il 1° aprile 1768.
- Agli inizi del 1769 accompagna Gaspar De Portolá nella spedizione verso l'Alta California.
- Fonda la prima Missione di San Diego il 16 luglio 1769, prima delle ventuno Missioni che realizzerà in California.
- Nel 1782 fonda la Missione di San Buenaventura, l'ultima da lui fondata nei Nuovi Territori. Poi si ritira nel Carmelo di Monterey.
- Il 28 agosto 1784 frate Junipero muore. Viene sepolto nella chiesa della missione.
- Il 25 settembre 1988 è beatificato da Papa Giovanni Paolo II, ora Beato.

Introduzione

A Washington D.C. nel Campidoglio vi è una sala con grandi statue marmoree a rappresentare personaggi ritenuti fondatori degli Stati Uniti d'America. Con grande sorpresa dei visitatori, tra i tanti uomini vestiti nella foggia dell'epoca, si nota un saio francescano e ci si domanda come mai un frate francescano sia in quel luogo. Si tratta di frate Junipero Serra scelto a rappresentare lo Stato della California in quel solenne consesso. La California, com'è ampiamente conosciuto, è lo Stato più popoloso degli USA coi suoi trentasei milioni di abitanti.

Come ciò sia potuto accadere è l'oggetto di questa pubblicazione.

Cominciamo col dire che frate Junipero Serra è stato beatificato dal Beato Papa Giovanni Paolo II nel 1988. Ed anche questo fatto è sorprendente se pensiamo ai tanti che hanno cercato di ostacolarne il riconoscimento di santità.

Ma diamo inizio al nostro racconto trasferendoci con la fantasia nelle splendide Isole Baleari sulla costa mediterranea della Spagna; e più specificamente nella maggiore di esse: Majorca, isola bellissima, piena di sole e di turisti che, si afferma, si aggirino intorno ai sei milioni l'anno. Ha per capitale la città di Palma con antiche mura medievali che circondano una cittadella di struttura e monumenti moreschi e cattolici che si affacciano sul porto. Fu sottratta alla dominazione dei Mori dal re Giacomo I di Aragona nel 1229 in quella lunga lotta dei regni cristiani contro

Washington D.C. (U.S.A.).
Campidoglio. Statua di Junipero Serra.

i Mori, detta *reconquista,* conclusasi nel 1492 con la caduta di Granada. Queste brevi notizie ci portano a capire anche la peculiarità del popolo delle Baleari, vicine alla Spagna ed aperte a tutta la storia mediterranea. Ciò nella civilizzazione e nella stessa lingua.

Il Beato Junipero Serra è nato a Petra, nell'isola di Majorca, nelle Baleari, il 24 novembre 1713. Il nome datogli al Battesimo fu Miquel Josep Serra y Ferrer. I suoi genitori erano Antonio e Margherita Ferrer. Ricordiamo che nei paesi di cultura spagnola al cognome del padre viene aggiunto quello della madre (in questo caso Ferrer) che però non viene tramandato ulteriormente.

La famiglia Serra era contadina, proprietaria di una piccola fattoria. Dai suoi genitori e dalla vita stessa vissuta in campagna, Miquel (Junipero) imparò il senso del lavoro ed il modo di lavorare che poi gli sarà utile nel suo futuro missionario. La casa natale, sita nella zona *Carrer des Barracar,* nella parte ancora esistente, porta il ricordo di Junipero impresso in una lapide.

Petra (Palma di Majorca, Isole Baleari). *Casa natale di fra Junipero Serra.*

Pur essendo analfabeti Antonio e Margherita avevano quel buon senso e quella intelligenza contadina che li portò a pensare per il figlio un minimo di istruzione. Non lontano dalla fattoria, a pochi minuti di cammino, c'era un convento francescano dedicato a San Bernardino. In quei tempi le scuole non erano così numerose come oggi e i conventi, come anche le parrocchie o le chiese cattedrali, erano luoghi di cultura ed anche di insegnamento per i giovani. Così Miquel cominciò a frequentare le lezioni dei buoni Frati Francescani di Petra. L'insegnamento toccava i campi del leggere e dello scrivere, un po' di matematica e quel po' di latino utile per le celebrazioni liturgiche. Naturalmente l'insegnamento fondamentale doveva essere quello del Catechismo che giustificava il resto. Sembra ancora che Miquel abbia anche coltivato il canto gregoriano, che era ed è il canto delle celebrazioni religiose cattoliche. Una volta missionario, frate Junipero userà molto il canto nell'opera di evangelizzazione.

Palma di Majorca. *Veduta della città con la Cattedrale.*

Palma di Majorca. *Chiostro del convento di San Francesco.*

In un ambiente simile, agricolo e pieno di religiosità, non meraviglia il fatto che il giovane Miquel, ormai quindicenne, si sia sentito attratto dal mondo della cultura e probabilmente anche dalla vita francescana. Ne parlò coi genitori che, ripetiamo, dovevano essere di particolare intelligenza.

Mandare Miquel a studiare in città (cioè a Palma di Majorca) per la famiglia Serra voleva dire sacrificare l'unico figlio maschio per i lavori dei campi e per accudire gli animali, oltre che una spesa, dovendosi provvedere ad una sistemazione del ragazzo presso una qualche famiglia che, poi, sarà quella di un prete addetto alla cattedrale.

Gli studi filosofici, Miquel, li fece presso il convento francescano di San Francesco in Palma. Il bel convento, ancora esistente in città, custodiva e custodisce la tomba venerata del Beato Raimondo Lullo (grande filosofo francescano). Il ricordo del Beato e la prossimità della tomba, dovette essere di grande impatto per il giovane. Noi qui non possiamo dilungarci a parlare di Raimondo Lullo, ma qualcosa è necessario dire, vista la sua importanza da un punto di vista culturale, di apertura al mondo e di santità esercitata sul giovane Miquel. Dalla memoria del personaggio, il Serra imparò moltissimo. Pensiamo che senza un approccio con la vita e la cultura di Raimondo Lullo, sarebbe difficile capire la personalità e l'opera di Miquel (Junipero).

Soffermiamoci allora un poco sulla figura di Raimondo Lullo.

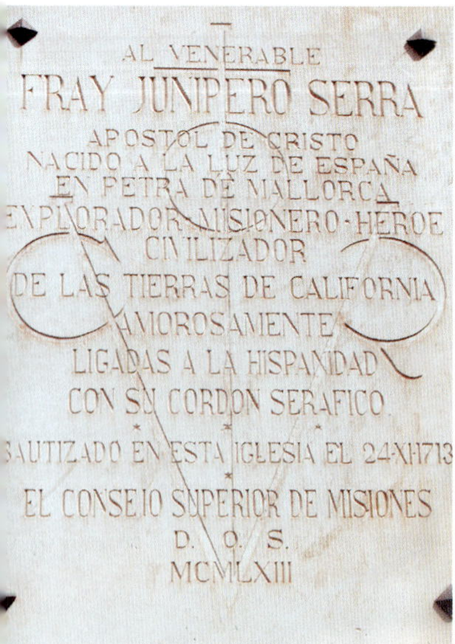

Petra. *Targa commemorativa di Junipero Serra.*

Il Beato Raimondo Lullo

Nacque a Majorca nel 1235 da famiglia nobile e ricca. Fin da giovane intraprese la carriera politica facilitato dall'amicizia con il secondogenito del re d'Aragona don Giacomo. Si sposò presto ed ebbe due figli, ma a circa trent'anni lasciò tutto, intraprese viaggi a Roma e studiò filosofia, teologia e lingua araba. Il suo grande desiderio era diffondere il cristianesimo. Egli intuì, in quell'epoca, quel che ancora oggi si stenta a capire: l'evangelizzazione richiede una conoscenza profonda della cultura dei popoli cui ci si rivolge. Per attrezzare culturalmente i missionari secondo questa intuizione, il Lullo fondò un Collegio; in esso, particolarmente i Francescani, potevano studiare l'arabo e la cultura delle popolazioni islamiche cui si rivolgevano; un concetto che solo più tardi sarà adottato dalla Congregazione vaticana di *Propaganda Fide.* Egli stesso si recò a predicare nell'Africa del Nord con la conoscenza della lingua del luogo. Scrisse di filosofia e teologia e si adoperò per riavvicinare i cristiani cattolici ed ortodossi. Raimondo fu tutto un fervore di intuizioni e di iniziative. Forse troppe per essere digerite dalla cultura

Statua del Beato Raimondo Lullo a Barcellona.

dell'epoca; difatti fu incompreso, tuttavia non si perse mai di coraggio. Entrò anche nel mondo più proprio del laicato cattolico ed al Concilio di Vienne (1311-1312) fece la proposta di fondere in unità tutti gli ordini dei cavalieri cristiani. Infine, mai scoraggiato dalle tante incomprensioni e dai molti fallimenti di iniziative, morì a Majorca, di ritorno dall'Africa, il 29 giugno 1316. Raimondo Lullo è un personaggio ancor oggi attuale. Fu beatificato da Pio IX nel 1850.

Petra.
Museo (casa natale) di Junipero Serra.

Miquel diventa frate Junipero

Dopo aver digerito i suggerimenti ricevuti dalla figura di Raimondo Lullo, proseguiamo nella lettura della vita di Miquel (Junipero) Serra.

La vita in Majorca, a contatto continuo con la religiosità, lo studio e gli esempi sia dei Francescani come di Raimondo Lullo, laico appartenente al Terzo Ordine Francescano, spinsero Miquel a pensare un suo futuro di religioso e di religioso francescano, aperto alla cultura ed alla missionarietà. Così il 14 settembre 1730 Miquel vestì il saio di frate minore ed insieme al saio, come d'uso allora, ricevette il nome di Junipero. Nella storia francescana, Junipero (Ginepro in italiano) è il nome del geniale semplicione compagno di San Francesco a cui il Poverello di Assisi era particolarmente legato.

Roma.
Basilica di Aracoeli. Lapide di fra Ginepro, compagno di San Francesco.

Acquarello di San Francesco.

Dal quel momento, dunque, Miquel Serra y Ferrer si chiamerà semplicemente frate Junipero.

La vita francescana ha inizio con un anno di noviziato in un convento di grande osservanza della Regola di San Francesco, durante il quale i frati studiano carattere, comportamento e vocazione del novizio; ed il novizio, a sua volta, studia la vita francescana cercando di capire se tale vita è a lui adatta. La vita del frate è dura, anche se a volte non sembra. Alla vita dura frate Junipero era avvezzo e quindi non dovette essere faticoso adattarsi alla disciplina del noviziato dove un frate "Maestro" lo avrebbe condotto per i primi passi di un'esperienza nuova in cui veniva saggiata la sua umiltà, la sua fedeltà alla preghiera e il suo spirito di povertà.

Dopo un anno di noviziato, se "promosso", il novizio veniva accolto (a quei tempi per tutta la vita) come frate professo, cioè con l'impegno dei tre voti di povertà, obbedienza e castità; voti solennemente emessi in ginocchio e tenendo le proprie mani giunte nelle mani del Ministro Provinciale o di un suo Delegato.

Havana (Cuba). *Piazza di San Francesco d'Assisi. Statua di Junipero Serra.*

L'anno di noviziato del nostro giovane frate si concluse esattamente il 15 settembre 1731. Con il rito della professione religiosa frate Junipero lasciava la vita di laico ed ogni sua possibile proprietà in questo mondo, per dedicarsi completamente a Dio ed al servizio della Chiesa.

Dopo l'anno di noviziato, la routine francescana e della Chiesa per diventare sacerdote, prevedeva e prevede un serio periodo di studio: Filosofia scolastica e Teologia. Uno studio continuativo e soggetto ad esami periodici. Per frate Junipero questi studi si protrassero dal 1731 al 1737. Fu quindi ordinato sacerdote in un tempo tra il 1738 e il 1739.

Già da ragazzo Miquel aveva dato buoni segni di intelligenza viva e per questo apprendiamo con piacere che egli ben presto, una volta perfezionato il curriculum di studi prescritto, fu incaricato di insegnare quanto aveva appreso con grande diligenza. In particolare ricevette l'incarico di insegnare Filosofia, docenza che gli veniva facilitata dal suo inserimento nell'alveo culturale di Raimondo Lullo, come abbiamo già notato.

Restò a Palma di Majorca presso lo studentato francescano fin verso il 1743. Nel frattempo si era impegnato anche nello studio della Sacra Teologia divenendo Dottore in Teologia nel 1742. In base a questo grado accademico, fu chiamato all'insegnamento della Teologia presso la cattedra di Teologia Scotista (cioè secondo gli insegnamenti di frate Giovanni Duns Scoto, che era uno dei sommi geni del mondo francescano), cattedra che era ugualmente in Palma di Majorca. Non dovette pertanto spostarsi dall'isola.

L'isola, la piccola Majorca con la capitale Palma, non era certamente luogo in cui far vivere una passione ed una intelligenza aperta al mondo ed all'avventura. Ricordiamo però che Majorca è anche la terra dove visse e da dove partì e rientrò tante volte il già ricordato Raimondo Lullo. Anche frate Junipero, docente apprezzato ed invidiato, con qualche problema pregresso dato dal tribunale della Santa Inquisizione, predicatore fascinoso per il ristretto popolo del luogo, come il Lullo, sentì il bisogno di ampliare il proprio orizzonte culturale e missionario. Chiese pertanto ai propri superiori di potersi recare missionario nelle lontane Americhe e propriamente nella Nuova Spagna, com'era indicato allora l'attuale Messico. Finalmente la richiesta di essere missionario fu accolta. Gli portò la notizia il discepolo e fedele amico frate Francisco Palòu, mentre frate Junipero si trovava a predicare la Quaresima nella natia Petra.

Junipero aveva circa 35 anni quando fu raggiunto dalla notizia. Per lui fu una grande gioia, ma la contenne e non volle parlarne ai vecchi genitori per non amareggiarli. Infatti la sua famiglia era formata ormai solo dagli anziani coniugi e dalla sorella Jua-

Beato Giovanni Duns Scoto.

na sposata con Miguel Ribot; in un simile caso l'annuncio della sua partenza per una terra così lontana, avrebbe significato, quasi certamente un addio per sempre.

Per raggiungere la terra ferma di Spagna frate Junipero si servì di un vascello inglese, il cui capitano, da buon protestante, si sentì in dovere di attaccar briga coi religiosi cattolici. Non fu piacevole dover controbattere le argomentazioni di un uomo che aveva potere sulla nave e che conosceva ben poco della sana dottrina cattolica. Ma anche questa storia ebbe fine.

Il porto d'imbarco per il nuovo mondo fu Cadice e da Cadice diresse una lettera ai genitori per annunciare loro la propria partenza. Una lettera piena di affetto ma in cui annotava l'importanza di obbedire alla propria vocazione, cioè alla chiamata di Dio. La lettera era indirizzata ai genitori tramite frate Francesch Serra, dato che i genitori, come già detto, erano illetterati.

Con lui s'imbarcò l'amico fidato frate Francisco Palòu.

Il vascello della traversata era stato battezzato col nome di Nuestra Señora de Gua-

Cadice (Spagna). *Scorcio panoramico.*

dalupe. Il viaggio durò 99 giorni (comprensivi della sosta nella Missione di Porto Rico); giorni non tutti tranquilli a causa dei venti e del mare, con una tempesta che disalberò la nave. Fu dunque una grande avventura e una volta sbarcati a Veracruz (il 7 dicembre 1749) tutti sentirono il bisogno di ringraziare Dio per i pericoli scampati. Frate Junipero fu incaricato di predicare per l'occasione e la gente del posto accorse numerosa costringendolo poi a restare ancora qualche giorno in città.

Da Veracruz alla capitale messicana (Città del Messico) vi è una distanza enorme: circa cinquecento chilometri che frate Junipero volle percorrere a piedi rifiutando il cavallo che aveva a sua disposizione come gli altri missionari. La fatica, i sentieri, le strade malandate da percorrere e gli insetti gli procurarono escoriazioni ed un'infezione. I piedi gli si gonfiarono con grande dolore. Non vi erano medici che potessero curarlo per cui dovette sopportare i forti dolori alla gamba; dolori che non lo lasciarono più, fino alla morte.

Veracruz (Messico). *Palazzo del Municipio.*

Il Messico ai tempi di frate Junipero

Dobbiamo ora soffermarci almeno un poco per dire qualcosa sul Messico di quei tempi e sulla realtà di vita degli abitanti. Dunque siamo in una colonia, per giunta del secolo XVIII. Non possiamo pensare che vi fosse un grande rispetto della dignità umana e della democrazia cui siamo abbastanza abituati ai nostri giorni. È naturale allora che immaginiamo una situazione sociale dove i conquistatori e i ricchi, presenti nella colonia, fossero molto attaccati alla ricchezza e facessero ogni possibile sopruso per procurarsene a sufficienza dopo aver riempito l'erario della madre patria. Il tutto, naturalmente, veniva indicato come opera di cristianizzazione dei popoli assoggettati, ormai ridotti in schiavitù per i lavori pesanti in particolare nelle miniere. I grandi palazzi e le grandi Basiliche e i grandi monasteri che oggi noi ammiriamo nella loro bellezza non sono certamente sorti con un tocco di bacchetta magica, ma col sudore dei popoli sottomessi. Era frutto di una mentalità comune dell'epoca, anche se questo non giustifica quanto accaduto.

Città del Messico. *Veduta panoramica della Piazza della Costituzione (Zócalo).*

Il collegio San Fernando

Frate Junipero ed il fedele Palòu furono assegnati al Collegio Missionario di San Fernando e faticarono molto per raggiungere il luogo il 1° gennaio 1750. San Fernando era situato nei dintorni della capitale. Prima però ebbero la possibilità di fermarsi al non lontano Santuario di Nuestra Señora de Guadalupe anch'esso nella zona della capitale.

Qui sorge la domanda su cosa fosse un Collegio Missionario, poiché ne sentiremo ancora parlare.

Il Collegio Missionario dei Francescani aveva un'origine che ancora una volta ci richiama le radici di frate Junipero e cioè il Beato Raimondo Lullo. Come ci è già capitato di dire, il Lullo aveva portato avanti l'idea di uno studio o collegio francescano per preparare nella cultura e nella lingua i missionari destinati all'evangelizzazione. Ed ecco che in Messico ci troviamo subito di fronte ad una grande realizzazione dell'idea. Non dimentichiamo che l'intuizione e il suggerimento di Raimondo Lullo, a quei tempi era di estrema avanguardia.

Città del Messico. *Basilica di Nostra Signora di Guadalupe.*

In quel Collegio Missionario era previsto che i frati destinati alla missione fra gli indigeni, si fermassero un anno per apprendere lingua, usi e costumi delle popolazioni indigene. Inoltre era anche luogo di sosta tra le fatiche delle missioni.

Dunque frate Junipero e frate Palòu si stabilirono nel Collegio di San Fernando, cui sarebbero rimasti incardinati per tutto il loro periodo missionario. Ma non vi restarono per tutto il previsto anno di permanenza; dopo solo cinque mesi, infatti, sorse l'urgenza della missione di Sierra Gorda e i due vi furono destinati.

Sierra Gorda è una zona ad oltre duecento chilometri a nord di Città del Messico e, in quel tempo, era abitata sia da spagnoli ivi insediati da lunga data e sia, nelle montagne, da nativi pagani cui si poteva annunciare il Vangelo solo imparando la loro difficile lingua, il Pame. Il lavoro era arduo poiché la metodologia missionaria prevedeva sia l'annuncio evangelico, come anche una qualche forma di organizzazione sociale nei *pueblo* sotto l'autorità dei missionari stessi. Oggi certamente possiamo parlare di una certa violenza sugli indigeni, ma allora il fatto lo si intendeva come civilizzazione. Una civilizzazione prevalentemente portata avanti dai frati missionari, comunque, molto più dolce di quanto, a quei tempi, accadeva fuori dalle zone sottoposte all'impero spagnolo. Nulla da meravigliarci se pensiamo un po' a tutte le contemporanee e successive colonizzazioni a livello mondiale dove, in pratica, veniva importata e in qualche

Missione di Jalpan (Sierra Gorda).

modo imposta la cultura e l'organizzazione europee o decise in Europa.

Fu un lavoro duro nella Sierra dove Junipero restò ben otto anni sempre con l'amico frate Francisco Palòu. Facendo tesoro della propria provenienza contadina, unita ad un entusiasmo instancabile ed alla sua voglia di impegno, frate Junipero si diede tutto all'insegnamento del catechismo, offrendo contemporaneamente agli indigeni istruzione sul modo di portare avanti l'agricoltura ed avviare le costruzioni. Ancora oggi possiamo ammirare la vecchia chiesa di Jalpan nella Sierra Gorda, da lui edificata lavorandovi materialmente insieme ai frati ed ai nativi che così apprendevano, sia pur lentamente, le tecniche di costruzione. Bisogna però ipotizzare che dietro tale insegnamento e tale edificio vi fosse qualche bravo architetto di origine spagnola che sapeva importare in quelle terre lo stile barocco iberico.

Frate Junipero, tuttavia, non lavorò solo alla costruzione di quella e di altre chiese. Egli era riuscito, infatti, a superare l'ostilità preconcetta dei nativi e ad attirarli verso la nuova religione ed anche verso il nuovo modo di vivere e di costruire abitazioni e chiese. Un lavoro duro sia per lo studio continuo della lingua e delle abitudini degli indigeni e sia per le difficoltà dell'insegnamento dell'agricoltura e dei rudimenti dell'edilizia; tutto ciò si univa all'impegno gravoso di apostolato che lo chiamava nelle varie zone e nei vari villaggi. Per tutto questo egli doveva affrontare distanze enormi in luoghi quasi senza strade, trascinando il forte dolore al piede ed alla gamba sinistra.

Restò fino al 1758 nella Sierra Gorda, dove ricoprì per un triennio anche il servizio di superiore dei missionari locali. Dopo

Missione di Tilaco (Sierra Gorda).

Missione di Tancoyol (Sierra Gorda).

questo periodo (che potremmo indicare come apprendistato per il lavoro in terra di missione) fu richiamato al Collegio Missionario di San Fernando poiché c'era bisogno di lui come animatore dello stesso Collegio e predicatore nella zona. Restò a San Fernando per nove anni.

Il suo fu un ritorno atteso dai frati del Collegio, a motivo della buona fama chc lo precedeva ed accompagnava. Ricordiamo che al suo primo arrivo in Messico, era stato accolto da un "benvenuto" caloroso dato con l'espressione tipica del mondo francescano per coloro che portavano e portano il nome di Junipero (Ginepro). Ricordiamo che la storia dei primi anni del francescanesimo ci racconta di un frate Ginepro compagno di san Francesco famoso per la sua semplicità e di cui il Santo di Assisi aveva detto: "Fratelli miei, volesse Dio che di tali Ginepri io ne avessi una grande selva".

Durante la permanenza a San Fernando, frate Junipero non si rinchiuse in convento, ma si spinse in una vasta predicazione all'intorno. Un impegno certamente non facile se pensiamo alle grandi difficoltà per la scarsità di vie, per l'asprezza dei territo-

Missione di Landa (Sierra Gorda).

ri pressoché sconosciuti e pericolosi, per la fastidiosa situazione climatica e per i disagi dei viaggi, nella condizione fisica non ottimale di frate Junipero. Il confratello frate Palòu ci parla, nei suoi ricordi, di eccessivo caldo e di nugoli di insetti che li infastidivano. Inoltre, a mano a mano che si allontanava dalla sede di San Fernando, il missionario incontrava gente nuova, costumi nuovi, lingue o dialetti diversi. A voler credere a frate Palòu (e non si capisce perché non lo si dovrebbe) una volta vissero un fatto miracoloso. Stanchi dal viaggio e senza possibilità di un ricovero, inspiegabilmente incontrarono un'abitazione dove furono gentilmente accolti e rifocillati da una famiglia (papà, mamma e ragazzo). Al mattino, dopo aver salutato e ringraziato i benefattori, proseguirono il viaggio. Incontrando poi gente del posto, raccontarono della generosa ospitalità ricevuta, ma costoro li assicurarono che non esistevano altri abitanti o case nella zona da essi indicata. Facile dunque pensare e credere che ad ospitarli fosse stata, miracolosamente, la Sacra Famiglia di Giuseppe, Maria e Gesù.

Missione di Conca (Sierra Gorda).

Sostituti dei padri Gesuiti

Sant'Ignazio di Loyola.

Papa Clemente XIV.

Entriamo per un momento nella brutta o incomprensibile storia della soppressione della Compagnia di Gesù fondata da Sant'Ignazio di Loyola e grandemente benemerita della Santa Chiesa.

Nel 1767 i Gesuiti venivano espulsi dalla Spagna e dal relativo impero. Per quanto riguarda la "Nuova Spagna", si ha il decreto di espulsione da parte di Carlo III di Spagna datato qualche tempo dopo e cioè il 3 febbraio 1768 (tralasciamo le motivazioni umane per misericordia).

Come la Spagna, anche gli altri Stati cattolici si comportarono con violenza nei confronti della Compagnia di Gesù, cancellando presenze ed espellendo in modo brutale i componenti della Compagnia. In questo modo agirono oltre alla Spagna, anche il Portogallo, la Francia, ecc.

Ci fu anche una forte pressione nei confronti del vecchio Papa Clemente XIV perché cancellasse dal mondo ecclesiastico la Congregazione dei Gesuiti. Così il Papa, praticamente costretto, soppresse la Compagnia di Gesù nel 1773 quasi dando un avallo morale alle soppressioni operate dagli Stati.

I Gesuiti erano potenti ed avevano immensi spazi di attività non solo in Europa, ma anche nelle tante colonie. Non serve molta immaginazione per rendersi conto dello scompiglio creato da tali persecuzioni e da tale decisione papale. Si pensò subito ad incamerare le immense ricchezze materiali abbandonate dalla Compagnia; nel contempo però, non si poteva lasciar cadere anche la tanta ricchezza spirituale creata dalla loro attività, pur se meno interessante per le mire degli Stati e delle lobby di allora. A questo compito di sostituzione furono chiamate le altre varie Istituzioni ecclesiastiche.

Per quanto riguarda le Missioni, a sostituire i Gesuiti, in molti luoghi, furono chiamati i Francescani.

In un frangente tale e di tale delicatezza, frate Junipero venne scelto come capo dei religiosi francescani chiamati a sostituire la presenza dei Gesuiti nella Bassa California.

Forse non è inutile offrire, a questo punto, una qualche notizia sulla California che noi oggi conosciamo come uno Stato, lo Stato della California, il più popoloso degli USA.

Al tempo di frate Junipero, però, la California era principalmente quel territorio che noi possiamo vedere sulla carta geografica come una lunga striscia di terra da nord verso sud: una penisola lunga e stretta prospiciente il continente. Essa apparteneva all'impero spagnolo ed era parte del Messico. Allora la si immaginava come una grande isola (non la si era ancora scoperta come penisola) distaccata dal continente e da esso

La costa californiana.

Re Carlo III.

Poster di fra Junipero Serra in cammino verso la missione di San Diego.

divisa dal "Mare Vermiglio". La terra era in gran parte arida e senza particolari ricchezze; pertanto non molto abitata né ambita.

Soprattutto non molto abitata dalla popolazione di origine europea.

Frate Junipero giunse nel suo nuovo campo di apostolato il 1° aprile 1768 insieme a 14 compagni francescani. Si era imbarcato nel porto di San Blas sull'Oceano Pacifico il 12 marzo precedente.

Ma facciamo un passo indietro e vediamo cosa accadeva nel contempo presso la corte di Madrid da dove, nonostante la grande distanza, il re Carlo III sovrintendeva con grande attenzione alle operazioni delle lontane colonie.

Com'è facile intendere, l'amministrazione di territori così lontani dalla madre patria si prestava a comportamenti amministrativamente non corretti da parte di viceré e governatori e capi di varia natura. Per questo motivo Carlo III aveva scelto un Ispettore Generale di umili origini, ma forte e fedele, con studi in legge presso l'Università di Salamanca: Giuseppe de Galvez, che inviò presso le colonie del Nuovo Mondo col compito ben preciso di risanare l'amministrazione ed anche permettere buoni introiti per le casse reali. Ed il De Galvez ebbe buon successo nei sei anni del suo incarico.

Vi era poi un altro problema da tener presente in California: la conquista e la preservazione della costa continentale occidentale verso cui si dirigevano le attenzioni di Russia ed Inghilterra. Il basso numero di immigrati spagnoli, infatti, rendeva la zona meno presidiata e quindi più politicamente insicura.

De Galvez, con ottimo fiuto politico, girò la propria attenzione verso i Francescani sostituti dei Gesuiti ed in particolare verso il Padre Presidente frate Junipero Serra di cui aveva intuito le grandi capacità. Ed anche frate Junipero intravide le potenzialità religiose di una simile cooperazione. Si coniugava così il binomio conversione al cattolicesimo da parte degli indigeni e appartenenza alla Spagna per quanto riguardava gli immigrati: un ottimo baluardo nei confronti della possibile penetrazione anglo-russa.

Siamo dunque all'inizio dell'avventura dei Francescani verso l'Alta California. Rimonta, infatti, a quei tempi l'esplorazione delle bellissime coste della California. Per quanto riguarda i frati, i luoghi di maggiore importanza per l'espansione furono due: San Diego a sud e Monterey a nord. Allora non era stato ancora individuato lo stupendo scenario del porto naturale di San Francisco.

Petra. *Museo (casa natale) di Junipero Serra. Particolare del quadro di Junipero Serra mentre celebra la messa in una missione.*

La grande spedizione

San Diego, California (U.S.A.). *Missione di San Diego de Alcalà. Statua di Junipero Serra.*

Per anticipare ed eventualmente arginare le possibili invasioni da parte dei russi e degli inglesi desiderosi di appropriarsi della costa nord-californiana cui più sopra abbiamo accennato, il Visitatore Generale José de Gálvez e frate Junipero per motivazioni diverse (politiche l'uno e missionarie l'altro), tra la fine del 1768 e l'inizio del 1769, progettarono spedizioni verso il nord sia via mare e sia via terra. Frate Junipero andò come cappellano e diarista con il comandante Gaspar de Portolá nella spedizione via terra.

Durante questa spedizione nacque il famoso *Diario* di frate Junipero che narra il viaggio via terra da Loreto nella Bassa California a San Diego. Il *Diario* copre il periodo 28 marzo - 1° luglio 1769 ed è interessantissimo.

Per una spedizione in terre in gran parte sconosciute con abitanti così lontani dai costumi europei (i frati Missionari incontrarono anche indigeni che non usavano vestiario), c'era bisogno di portare materiale di ogni genere poiché si voleva, ad un tempo, civilizzare e cristianizzare le popolazioni. Ai giorni nostri un simile intendimento può non piacere, ma dobbiamo avere la capacità di capire i tempi ed i luoghi diversi. Verrà certamente il giorno in cui anche noi non saremo compresi dai nostri discendenti, ricchi magari di altri valori ed altre valutazioni.

Il rinnovato slancio missionario dei Francescani trovò frate Junipero indicibilmente sofferente per l'acuirsi della nota infezione alla gamba, tanto da non poter camminare. I frati destinati con lui al nuovo lavoro missionario pertanto gli costruirono una specie di barella per facilitargli i trasferimenti; ma egli la rifiutò. A toglierlo dai pasticci intervenne un tipo pratico di veterinaria, che gli applicò una cura che lo fece star meglio. Tale miglioramento aumentò la già grande gioia datagli dal progetto di apostolato che stava realizzando: portare Cristo alle popolazioni pagane del nord. I civili ed i soldati che facevano gruppo coi Missionari non provavano altrettanta gioia; ma abbiamo già detto che il frate approfittava anche delle motivazioni politiche per il suo lavoro apostolico, ricordando, magari, il pensiero di San Paolo che, nella *Lettera ai Filippesi*, si dichiara contento anche di alcuni che predicavano Cristo per invidia, spirito di contesa e rivalità nei suoi confronti; purché, naturalmente, predicassero Cristo.

Come già detto sopra, abbiamo un breve diario di frate Junipero che va dal 28 marzo al 1° luglio 1769 in cui racconta il proprio entusiasmo, le bellezze della natura e gli eventi più importanti.

Per meglio comprendere l'ampiezza dell'impresa verso nord, possiamo aggiungere che, oltre all'abbondante materiale religioso, i Missionari ed i laici portarono tante cose per la vita quotidiana, compreso il bestiame. Si parla di circa duecento bovini.

Dalla Nuova Spagna (Messico) erano partiti cinque gruppi verso nord: tre via mare con le navi "San Carlos", "San Antonio" e "San José" e due via terra. I gruppi partiti via mare ebbero vari problemi in quanto un buon numero di marinai, colpiti da varie malattie infettive, morì senza possibilità di cure. La nave "San José" fu addirittura dispersa in mare e nulla se ne seppe più. A riguardo dell'intera spedizione, il Serra, in una lettera del 3 luglio 1769, afferma: "La 'San Carlos' è senza marinai poiché tutti sono deceduti per lo scorbuto fatta eccezione per un marinaio ed il cuoco".

Due gruppi erano partiti via terra. Di essi frate Junipero era il superiore dei frati, mentre a capo dei soldati era Gaspar de Portolá. L'approccio con la gente del luogo, ove incontrata, non era facile ed a volte era conflittuale.

Giunsero a San Diego il 1° luglio. Lì trovarono le due imbarcazioni "San Carlos" e "San Antonio", che li avevano preceduti di parecchi giorni.

La zona era particolarmente povera ed invitava ad andare oltre anche per cercare maggiori ricchezze. Per questo il comandante Gaspar de Portolá con settanta uomini e due frati intraprese un lungo viaggio verso nord. È rimasto famoso "*El Camino Real*" che iniziava al confine messicano e volgeva a nord verso San Diego e, poi, Monterey.

Cartina di "El Camino Real"

Il 16 luglio 1769 frate Junipero stabilì la rinnovata "Missione di San Diego", prima delle ventuno Missioni della California che portarono avanti la conversione al Cristianesimo dei nativi. Si dava così inizio al sistema delle missioni californiane le cui strutture variamente aggiornate e rimaneggiate negli anni, ancor oggi sono meta di turismo e pellegrinaggi. San Diego de Alcalá era un santo francescano spagnolo cui era stata dedicata in precedenza la missione poi indicata come la "Madre delle Missioni francescane in California".

Le Missioni

È bene qui soffermarci per capire almeno un poco la natura di queste famose Missioni.

Più sopra abbiamo accennato alla situazione politica in cui frate Junipero venne a trovarsi. Il Re di Spagna Carlo III non volendo rinunciare al suo diritto di estendere l'impero spagnolo verso il nord di quella terra che noi chiamiamo California, aveva dato un forte *input* perché si impedisse ai russi ed agli inglesi di penetrarvi. Infatti per ovvi motivi le milizie delle due nazioni stavano tentando di prenderne possesso come più sopra abbiamo detto. Per questo furono allertati sia i Francescani che le truppe spagnole perché andassero verso nord. Il metodo era semplice ed efficace: i Francescani, spinti da motivi religiosi, volevano convertire gli indigeni. Ad essi si affiancavano (per protezione e calcolo) truppe spagnole in modo da creare teste di ponte per consolidare la presenza e preparare avanzamenti. Interessi convergenti dunque. La nuova esperienza portava così i Francescani ad incontrare i pochi o molti indigeni partendo da basi sicure e cioè da luoghi fortificati entro cui era la chiesa. I frati ed i soldati formavano pertanto un'unione che certamente tutelava le incolumità, ma rallentava l'evangelizzazione poiché i nativi erano intimiditi dalla presenza dei militari.

San Diego. *Missione San Diego de Alcalá. Vedute.*

Intimiditi forse fino ad un certo punto. La storia, infatti, ci racconta di attacchi da parte degli indigeni non sempre andati a vuoto.

Ma procediamo con ordine.

La prima Missione stabilita verso nord oltre il confine della Nuova Spagna (il Messico attuale) era San Diego, situata di fronte all'omonima baia. Una Missione sopravvissuta solo cinque anni, a motivo della povertà agraria della zona, della carenza di acqua ed anche della non facile convivenza con gli indigeni. Dopo cinque anni, infatti, la Missione venne abbandonata e trasferita qualche chilometro verso est, in un luogo più sicuro e meno povero. Il nuovo sito era vicino al fiume San Diego e ad alcuni villaggi indiani che non si mostrarono pacifici.

Le Missioni a mano a mano si svilupparono lungo la costa verso nord seguendo il "*Camino Real*" ed oggi noi possiamo visitare i luoghi delle varie presenze, anche se non gli stessi edifici.

Hillsborough (California). *Statua di fra Junipero Serra.*

Sappiamo che il comandante De Portolá, di fronte alla situazione della Missione di San Diego decise di lasciarvi quaranta soldati con frate Junipero e due frati anche per attendere i rifornimenti necessari. Egli invece, con altri due frati e settanta soldati, intraprese il lungo e faticoso cammino verso nord per raggiungere il porto di Monterey lontano 350 miglia da San Diego. Un viaggio lungo e faticoso attraverso un mondo pieno di sorprese, di bellezze, ma quasi sconosciuto. Era la splendida costa californiana dove ancor oggi giungono pellegrini e visitatori americani per diletto ed anche per conoscere le antiche Missioni. E di questo abbiamo parlato più sopra.

De Portolá era partito il 14 luglio 1769, ma era già di ritorno nel gennaio 1770 dopo aver percorso seicento miglia ed aver assaporato la bellezza e la ricchezza delle terre attraversate.

A San Diego ritrovò frate Junipero che però non era riuscito a convertire nessuno degli indigeni. La scarsezza di vettovaglie aggiungeva tristezza.

Lo scoraggiamento spingeva il Governatore a pensare un ritorno in Messico, ma frate Junipero non era dello stesso parere; del resto le prospettive del Governatore erano di ordine materiale, mentre a frate Junipero interessava la conversione degli indigeni al Cristianesimo. Così mentre De Portolá si concentrava sul ritorno in Messico, Junipero intraprendeva la strada della preghiera. Fece una *Novena* a San Giuseppe secondo la fede e la tradizione del popolo di Spagna. Come si vede, due modi diversi di affrontare il problema.

Iniziata la Novena di preghiere, ogni mattina frate Junipero si affacciava sulla baia di San Diego nella speranza di vedere finalmente arrivare la nave con i rifornimenti necessari. Ogni giorno così, per nove giorni. Al nono giorno la nebbia gli impedì di vedere l'oceano mentre la fede non lo abbandonava. E vinsero la fede e la protezione di San Giuseppe. Al pomeriggio, quando ormai delusione e fede lottavano dentro il suo cuore, la nebbia scemò e, all'orizzonte, apparve una nave. Era la "San Antonio" carica di rifornimenti e con uomini freschi della truppa.

Tra l'altro, la nave portava anche una lettera per il De Portolá e la lettera diceva che la spedizione doveva andare avanti, verso il nord per espandere la California spagnola.

Si stabiliscono le Missioni

Gli aiuti, la lettera, il miracolo della Novena riaccesero l'entusiasmo e si partì verso nord. A Pentecoste fu stabilita ufficialmente la Missione dedicata a San Carlos Borromeo, con l'erezione di una croce ed il suono delle prime campane (appese ad un albero) nella zona.

Parlando delle campane, chiedo venia ai lettori se aggiungo una piccola nota a riguardo della mia meraviglia quando, nel 1991, subito dopo la caduta del regime marxista, fui inviato in Albania per aiutare i pochi frati rimasti a restaurare la presenza francescana nel luogo. E la meraviglia fu questa: in tante necessità, la prima richiesta che mi giunse da un gruppo di pastori fu quella di poter avere una campana. Ed ora io mi domando: ma quale mistero si racchiude dietro il suono di una campana?

Missione di San Carlos Borromeo de Carmelo.

Le Missioni erano costituite da un luogo dei frati ed un presidio di militari, cosa questa che nei secoli a venire è stata occasione di polemiche per un'evangelizzazione portata avanti insieme ad una conquista. Frate Junipero certamente non amava questa commistione e pertanto dopo non molto tempo – circa un anno – giunse alla convinzione di dover spostare la Missione verso l'entroterra, non lontano, ma con una sufficiente distanza dal presidio militare. C'è poi da notare che il terreno agricolo era assolutamente migliore;

e questo era grandemente importante per frate Junipero così attento all'agricoltura.

San Carlos Borromeo, dunque, divenne la Missione principale. In seguito se ne svilupparono altre, sempre con due frati come guida e sempre col nome di qualche Santo: San Antonio, San Gabriel, San Luis Obispo. Missioni create tra il 1771 e il 1772.

È bene sottolineare un problema molto importante: le tribù del luogo e quindi le varie genti delle Missioni, avevano lingue diverse che non era facile apprendere. Fu necessario pertanto usare la lingua spagnola almeno come prima lingua. Lo spagnolo, dunque, più che uno strumento di colonizzazione, fu una necessità.

Missione di San Gabriel Arcángel.

Missione di San Antonio de Padua.

Per il resto, le Missioni erano povera cosa: povere strutture, dapprima con coperture di fango e strame; poi, a poco a poco, anche con tegole e la tecnica che ne derivò servì alle altre Missioni. Qualcosa della realtà dei tempi di frate Junipero, attualmente è visibile soltanto nella Missione "San Juan Capistrano", comunemente detta "Perla delle Missioni", fondata nel 1776, settima delle ventuno Missioni create dai frati spagnoli in California. Naturalmente il ricco altare attualmente visibile nella cappella è stato creato successivamente e non è originario dei tempi della fondazione.

Missione di San Juan Capistrano, particolari.

Gli altri luoghi ancor oggi visitabili hanno perso in gran parte la freschezza delle origini perché restaurati o rimaneggiati lungo gli anni.

Dal presente racconto sembra che nella California del tempo, tutto più o meno andasse bene. Certamente le conversioni alla fede cristiana erano in crescita; tuttavia i cristiani venuti dalla Spagna, cioè i soldati a difesa dei luoghi, non davano buon esempio. Nessuno vuole criminalizzare quei poveri uomini che da anni erano lontani dalla patria e dalle proprie famiglie; purtroppo però il loro comportamento non aiutava la Chiesa e neppure la colonizzazione. Vi erano poi altri problemi vitali per cui Junipero decise di intraprendere il lungo viaggio verso Città del Messico che era la residenza del Viceré.

Frate Junipero partì dunque nell'ottobre 1772 per giungere a destinazione nel febbraio dell'anno seguente, il 1773. Nel viaggio aveva molto sofferto per malattie vecchie e nuove. Gioì nell'apprendere il nome del nuovo Viceré: fra Don Antonio Maria Bucareli, Balì dell'Ordine di San Giovanni di Gerusalemme (quello che noi oggi diciamo Ordine di Malta) poiché era persona sensibile alla fede. Appartenere all'Ordine di Malta significava e significa avere i voti religiosi e quindi una coscienza personale sensibile ai problemi della vita cristiana.

Missione di San Luis Obispo de Tolosa. Statua di Junipero Serra.

La permanenza del frate a Città del Messico si protrasse a lungo, fino all'agosto del 1773, così frate Junipero ebbe più di un'occasione di intrattenersi col Viceré il quale, benché attento alle questioni religiose, era tenuto ad incrementare le entrate da spedire a Madrid. Le nuove terre californiane, fino a quel momento, erano state per la Corona di Spagna più un peso economico che un incremento di ricchezza.

Infine frate Junipero intraprese di nuovo la strada verso le terre di missione, una strada lunga e piena di difficoltà anche a causa delle sue non buone condizioni fisiche. A proposito così egli scrisse: "Infine sono tornato dopo un'assenza di un anno, otto mesi e sedici giorni". Un conto esatto che ci suggerisce quanto dovette pesargli la lunga lontananza dalle sue Missioni. Tornava dopo tanto tempo, ma portava con sé l'amicizia del Viceré e un buon risultato circa i rapporti con i militari insediati in California.

I frutti della predicazione crescono

Unitamente allo sviluppo materiale delle varie Missioni create dai frati spagnoli, cresceva anche la sensibilità spirituale degli indigeni; e i luoghi che nei primi tempi non erano che povere cappelle con miseri annessi per l'abitazione dei frati, cominciarono a diventare centri accoglienti (per quei tempi). Anche l'agricoltura, che possiamo dire sconosciuta agli indigeni, cominciò a fiorire. Era l'alba splendida dell'attuale California.

Missione di Santa Clara de Asis.

Missione di San Buenaventura.

Non possiamo qui seguire la nascita di tutte le ventuno Missioni, ma non possiamo fare a meno di citare i luoghi dedicati ai grandi Santi francescani: San Francisco (1776); Santa Clara (1777), attualmente al centro di un campus universitario; San Buenaventura (1782). In totale frate Junipero stabilì nove Missioni. Le altre dodici furono opera dei suoi frati, seguaci dei suoi esempi e della sua metodologia.

C'è entusiasmo nella lettera di frate Junipero al Viceré Bucareli del 29 ottobre 1775: "Crescono i frutti della predicazione ed anche i frutti del campo".

Il metodo usato dal frate era semplice ed efficace. Come ai primi tempi del Cristianesimo egli raccontava la vita di Gesù e ne spiegava l'importanza per l'umanità. Parlava molto della Beata Vergine Maria, madre di Gesù e di tutti gli uomini. Ancor oggi noi possiamo costatare la ricchezza della devozione alla Vergine Maria dei popoli culturalmente vicini alla Spagna.

La catechesi portava al Battesimo ed il Battesimo incardinava i nativi alla Chiesa. Con essi frate Junipero era più esigente anche per la vita normale, dal lavoro alla condivisione ed alla morale.

Nel novembre 1775 la Missione di San Diego ebbe un momento veramente brutto. Due nativi cristiani, rei di furto, furono puniti, ma essi non accettarono la punizione (ricordiamo che erano due nativi ancora con

Missione di San Francisco de Asis.

Comandante Generale Teodoro De Croix.

la loro cultura) e sobillarono alcuni villaggi ancora pagani. Durante la notte circa seicento indigeni assaltarono la Missione, l'incendiarono ed uccisero alcuni spagnoli tra cui frate Luis Jayme (compaesano di Majorca), che Junipero subito venerò come primo martire di California. Il fido compagno Francisco Palòu lasciò scritto a riguardo che ormai San Diego era terra bagnata col sangue di martiri e quindi destinata ad una grande crescita cristiana.

Nel 1797 vi si ebbero 565 battesimi, 1.405 conversioni e un buon raccolto nel terreno coltivato. Si parla anche di buona ricchezza in animali.

Il progressivo ampliamento delle conquiste spagnole portò molti mutamenti nei rapporti tra i vari personaggi. Bisogna pensare che la parte sud degli attuali Stati Uniti d'America (USA) a mano a mano divenne terra spagnola coi relativi capi e governatori e militari e Frati Francescani. Non tutti naturalmente erano portatori degli stessi sentimenti, delle stesse iniziative e degli stessi progetti. Ormai popolazioni nuove diventavano suddite dell'impero e cristiane; e tra i frati che predicavano il Cristianesimo e i laici che pensavano all'economia ed ai rapporti con la corte di Madrid non sempre correva buon sangue. Abbiamo l'esempio del Governatore di California Felipe De Neve.

Quando il De Neve divenne Governatore nel 1777 dette subito un'ottima impressione a frate Junipero, poiché aveva belle qualità di efficienza e di sentimenti; ma l'idillio non durò a lungo. Il nuovo Governatore era fortemente influenzato dalle idee illuministe importate dalla Francia e seguiva, nella lettura della società, le idee apprese dal filosofo Jean-Jacques Rousseau che parlava della civilizzazione come deterioramento dell'illibatezza selvaggia.

Impregnato di questa cultura, De Neve cominciò a scontrarsi con la progettualità dei frati. Egli considerava non buona l'influenza religiosa dei Francescani e pensava che fosse da separare l'amministrazione civile da quella religiosa in modo da rendere i nativi più liberi nella loro scelta di vita. Perché ciò accadesse più facilmente riteneva sovradimensionata la presenza di due frati per ogni Missione. Ne sarebbe bastato uno che si occupasse della chiesa in ogni città. Era, per i tempi, una rivoluzione sociale, condivisa dal Comandante Generale De Croix.

Frate Junipero, che (ricordiamolo) era Padre Presidente dei Francescani, non poteva accettare simili innovazioni e pertanto il 22 agosto 1778 prese carta e penna per recriminare presso De Croix: "Delle Missioni, mio caro Signore, delle Missioni questo popolo ha bisogno" e così prosegue sulla necessità della luce del Vangelo e sull'efficienza anche materiale che solo la presenza dei sacerdoti poteva assicurare.

Ormai, però, con la morte del Viceré Bucareli, non c'era spazio per i ricorsi e l'imperatore era troppo lontano per capire di queste cose per cui, nel 1781, approvò le proposte inviate dal De Croix.

Cartina delle Missioni californiane.

Le sofferenze continuano

Il nuovo stile amministrativo dei territori prevedeva non più l'autorità dei missionari, ma l'elezione di un "Alcalde" cioè di un Sindaco e lo stesso frate Junipero fu chiamato ad assolvere il compito di organizzare tale mutamento. La cosa sconvolse il frate che fu tentato da disperazione e ribellione; ma la saggezza recuperata nella preghiera, lo consigliò di collaborare. Egli, nella sua saggezza, prevedeva l'insuccesso della nuova impostazione istituzionale che, addirittura, cadde nel ridicolo quando i nuovi Alcalde, scimmiottarono quelli della madre patria.

Medaglione con scolpito il volto di Junipero Serra.

I Francescani pertanto, di fronte alle novità, reagirono evitando di collaborare con le nuove istituzioni e questo aggravò la situazione specialmente nel rapporto con gli indigeni i quali, invece di trovare negli Europei dei fratelli o dei padri che parlavano loro con dolcezza di Cristo e di Maria, cominciarono ad incontrare la brutalità di comportamento dei soldati e dei capi ed una forte mancanza di tatto nei rapporti bilaterali.

Si arrivò così al luglio del 1781 con una carneficina fatta dai locali contro gli europei.

Dalla tragedia venne fuori qualcosa di buono, tuttavia, e cioè la semplice constatazione che non si poteva imporre agli indigeni il metodo della forza. L'esperienza della California insegnava che la dolcezza dei frati, anche nei confronti di tribù bellicose, era la strada preferibile da percorrere. Nelle Missioni californiane, infatti, non erano certamente i piccoli acquartieramenti militari che potevano mantenere l'ordine.

In una lettera al Governatore De Neve del gennaio 1780, frate Junipero spiegava e sottolineava il fatto che i frati erano rispettati ed ottenevano conversioni perché i nativi avevano capito che essi li amavano. Come si può notare, è una storia che si ripete anche ai nostri tempi, sia pure in contesti diversi: quando si va presso altre genti ed altre culture, se si va con la forza si riceve odio, mentre se si va col rispetto e l'amore, si è accolti. Questo ce lo insegnano i missionari ed anche quei soldati che vanno in altre terre con una mentalità ed un comportamento di pace.

Frate Junipero era conscio della bontà di tale metodologia dell'amore che aveva imparato nella sua Majorca a contatto con il pensiero e la tomba di Raimondo Lullo. Non è raro trovare nei suoi scritti l'apprezzamento per i santi frati ed il richiamo alla pazienza ed all'amore cristiano.

In una più estesa biografia del Beato potrebbe esserci maggiore spazio anche per sottolineare la cura di Junipero, Padre Superiore, nei confronti

Ritratto di Junipero Serra il giorno della conquista spagnola dei nativi americani, 1939, disegno di Ramos Martinez.

dei suoi frati. Egli che era molto sofferente capiva benissimo i problemi di tutti. E proprio perché egli stesso sofferente sapeva anche aiutare gli altri a superare le difficoltà della vita e le incertezze del futuro. La paternità, quando è vera e quando è frutto di propria sofferenza, sa aiutare ed educare. Frate Junipero, si può aggiungere, aiutava ed educava non solo i frati da lui dipendenti, ma tutta la gente che a lui si rivolgeva fossero essi cristiani o ancora pagani.

In quei tempi ed in quei luoghi la distanza fra una certa agiatezza e la miseria non era accentuata. Frate Junipero non conosceva agiatezza, ma nella sua povertà sapeva sempre trovare qualcosa per chi aveva bisogno, proprio come San Francesco, il fondatore dell'Ordine cui egli apparteneva, che non avendo altro da offrire alla mamma povera di due suoi frati, non esitò a tagliare i campanellini d'argento dall'altare della Porziuncola in Assisi, perché la povera donna potesse avere il necessario.

Missione di San Carlos Borromeo de Carmelo. Interno della chiesa.

La cura pastorale delle genti affidate ai Francescani spinse Junipero a chiedere a Roma il permesso di poter amministrare il sacramento della Confermazione (la Cresima) data la mancanza di Vescovi che potessero raggiungere le varie Missioni. Permesso facile ai nostri giorni, ma non nel secolo XVIII. Il permesso arrivò dopo ben dieci anni dalla richiesta; tanto impiegarono le cancellerie per evadere la pratica. Tra Roma e Madrid (c'era bisogno anche del visto del re di Spagna!) la lentezza burocratica fu veramente eccessiva: dal 1768 al 1778.

La notizia della facoltà accordata arrivò dopo così tanto tempo, che Papa Clemente XIV, che l'aveva concessa, era morto da quattro anni. Tuttavia la facoltà concessa restava sempre valida e ciò spinse il Padre Presidente ad un'ulteriore visita pastorale delle varie Missioni partendo da Monterey del Carmel; cioè dal nord della California. Il cammino disagiato per i problemi alle gambe e per la scomodità del percorso, non fecero arretrare frate Junipero dal suo slancio missionario. Il permesso di amministrare il Sacramento della Confermazione era concesso fino a luglio 1784, per cui Junipero ebbe un buon periodo per vivere una fatica gioiosa. Si riporta il numero dei cresimati: 5.309.

Frate Junipero nel 1782 fondò l'ultima Missione col nome di San Buenaventura. Poi si ritirò al Carmelo di Monterey con il fedele discepolo Palòu, che in seguito ci tramandò notizie della vita avventurosa del confratello.

Ed ecco una nuova sofferenza morale: l'annuncio di un provvedimento episcopale che intendeva sostituire i Frati Francescani con i Frati Domenicani nelle Missioni dell'Alta California. Al di là delle motivazioni più o meno buone che si possono immaginare a riguardo del provvedimento, la notizia portò sofferenza immensa. Bisognava abbandonare il frutto di tanto sudore sparso in tanti anni e di tanto apostolato. Bisognava abbandonare i cristiani faticosamente

Washington D.C. (U.S.A.). *Campidoglio. Statua di Junipero Serra nel parco.*

convertiti ed i luoghi costruiti mattone su mattone. Ma i frati hanno fatto voto di obbedienza e nella loro spiritualità c'è ampia fiducia in Dio che è Padre e Provvidenza.

Lo stralcio di una lettera a frate Juan Sancho del 18 giugno 1784 ci dice molto della santità di Junipero: "Se coloro che ci sostituiscono fanno meglio di noi, non c'è motivo di lamentarsi; noi vogliamo un fruttuoso cammino nel lavoro per il Signore. Certamente, invece di subentrare al nostro lavoro sarebbe stato meglio prendere un lavoro tra gli indigeni che ancora non sono cristiani. Ma Dio sa quello che fa".

Questo è credere veramente nell'azione della Provvidenza.

Missione di San Carlos Borromeo de Carmelo.

Santità e Gloria

Intanto la malattia di frate Junipero si aggravava. Noi oggi possiamo solo immaginare la fatica che il santo Frate dovette sopportare, se consideriamo che in diciassette anni di attività missionaria nella zona, dal 1767 al 1784, egli percorse, praticamente sempre a piedi, via terra, circa 10.000 chilometri e 5.400 miglia di navigazione. Ma non erano le sofferenze fisiche che potevano fermare un uomo di così tanta forza morale. Non dimentichiamo che il suo motto di fronte alle mille difficoltà era il seguente: "Sempre avanti".

Egli aveva chiaro che il Regno di Dio aveva il primato su tutto.

Uomo pacifico, frate Junipero non aveva paura di affrontare pericoli ed anche sommovimenti degli indigeni ai quali si presentava col suo fare ed il suo dire paterno e fraterno.

Nell'agosto 1784 avvertì chiaramente che la morte era vicina. "Ben venga mia sorella morte" avrebbe detto San Francesco; ed egli, abituato a meditare tanto esempio, si preparò serenamente all'incontro con Dio. Sarebbe stata la sua ultima lezione di spiritualità data dalla cattedra del letto di morte. Chi non ricorda la lezione di Papa Giovanni XXIII che ha vissuto la sua morte facendone insegnamento per quelli che in Piazza San Pietro pregavano per lui?

Così il Padre Presidente dei Frati in California, all'avvicinarsi della mor-

Icona del Beato Junipero Serra.

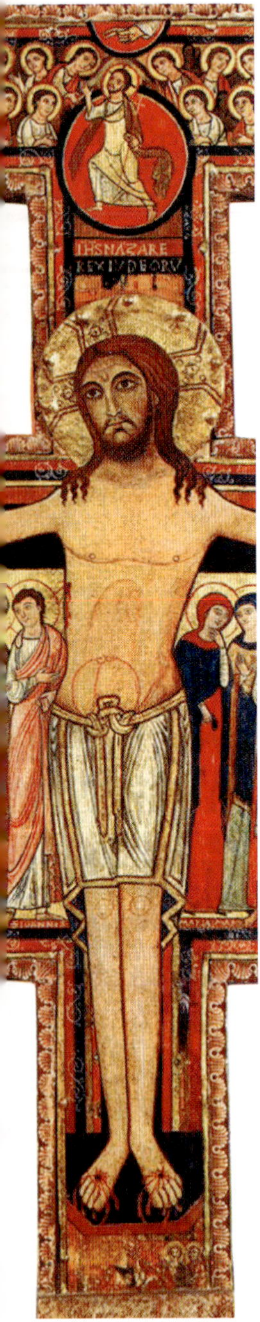

te, volle offrire un ultimo insegnamento ai frati, ai soldati, agli indigeni. Egli volle che l'amico di sempre, frate Palòu, lo sostenesse nel tragitto tra la sua cella e la chiesa della Missione dove volle andare per ricevere l'Eucarestia (il Viatico) nel modo più solenne possibile.

Accompagnato dai suoi frati e dai soldati spagnoli, si formò una piccola processione cui si aggiunsero, a mano a mano, i cristiani del luogo che riempirono la chiesa con la loro presenza e commozione. Nella chiesa povera della Missione i nativi videro forse per la prima volta come muore un cristiano. Nella solennità del momento si usò l'incenso e si cantarono canti eucaristici. Si racconta che frate Junipero, pur nella malattia e nella stanchezza, cantava ad alta voce i canti del Signore. Volle poi ascoltare la "*Commendatio animae*" cioè la preghiera che la liturgia cattolica prevede per i moribondi: "Parti anima cristiana da questo mondo...".

Con fatica rientrò nella casa ripercorrendo il tratto che la divideva dalla chiesa ed anche lì volle pregare finché, stanco, acconsentì a tornare nella sua cella. Lo accomodarono sul paglierìccio per farlo riposare e quando lo videro nella calma del sonno ristoratore, lo lasciarono uscendo dalla cella in punta di piedi.

Frate Palòu tornò dopo breve tempo per vedere come il Padre riposava. Era disteso col crocifisso sul petto in un sonno tranquillo.

Ma non era il sonno dal lento respiro.

Sorella morte lo aveva preso con sé. Frate Junipero sembrava ancora che dormisse.

Era il 28 agosto 1784.

Il funerale fu grandioso per quanto era possibile in quella terra di missione. I frati erano profondamente commossi e i cristiani piangevano per tanta perdita.

Frati e popolo accompagnarono frate Junipero ancora una volta verso la chiesa povera del luogo; questa volta per l'ultimo addio. E seppellirono il suo corpo santo nella Chiesa di San Carlos Borromeo de Carmel, vicino a Monterey.

Per il funerale, ogni mezza ora, dalla nave ancorata nella baia, partiva un colpo di bombarda cui dal presidio rispondeva il cannone del forte. Un modo per salutare un grande uomo, grande non solo per la Chiesa, ma anche per la società civile.

Frate Junipero Serra, chiamato Padre degli Indios, è stato onorato anche dallo Stato della California. Dal 1° marzo 1931 la sua statua si trova nella "Sala del Congresso" in Washington a rappresentare lo Stato della California. Una tonaca di francescano tra tanti uomini importanti che hanno fatto gli Stati Uniti d'America.

Nella catena montuosa Santa Lucia in California, la cima più alta porta il nome di frate Junipero.

Il 25 settembre 1988 Papa Giovanni Paolo II annoverava Junipero Serra tra i Beati della Chiesa Cattolica.

A laude di Cristo. Amen.

Missione di San Carlos Borromeo de Carmelo. Tomba di padre Junipero Serra.

Il movimento del Serra International

Origine e sviluppo del movimento Serra

Il movimento Serra ebbe origine nell'inverno 1934-35, quando quattro cattolici americani di Seattle (Stato di Washington, USA), durante una delle loro solite riunioni per riflettere e discutere sui problemi religiosi del momento, avvertirono l'urgenza di dar vita a un'organizzazione di laici che favorisse, mediante assidui contatti e opportuni approfondimenti, la conoscenza del cattolicesimo e la sua diffusione nella società moderna, educando i suoi associati alla sincera amicizia e al compimento della loro Vocazione cristiana al servizio della Chiesa. Così nacque il primo Club il 27 febbraio 1935. In una delle assemblee, il 12 giugno 1935, il Club di Seattle stabilì di dare un indirizzo più preciso al suo raggio d'azione, concentrandolo sul sostegno e sulla promozione delle Vocazioni sacerdotali.

L'impegno per le Vocazioni – insieme a quello originario dell'amicizia fra uomini cattolici al servizio della Chiesa – divenne così, fin dagli inizi, lo specifico carattere dell'associazione, che prese il nome da Padre Serra, missionario nel Nuovo Mondo.

Il movimento serrano, nel giro di pochi anni, si estese ad altri Stati americani e perciò, il 2 luglio 1938, si giunse all'istituzione del Serra International. Nel 1947, venne aperto un Ufficio Centrale a Chicago che coordinasse tutti i Club. Nello stesso periodo il Serra International raggiunse anche l'Europa e gli altri continenti, dando inizio al suo progressivo e costante sviluppo.

Il Serra arrivò in Italia verso la fine degli anni '50 portato dal missionario Padre Luigi Ferrari, che nel 1957 convinse il Cardinale Giuseppe Siri, Arcivescovo di Genova, a promuovere nella sua Diocesi la formazione di un Serra Club. Nel 1959 il Cardinale Siri, aiutato da Mons. Luigi Noli, diede il via al primo Serra Club d'Italia e dell'Europa continentale.

Nel 1968 il Serra aggiunse al suo primitivo scopo di sostenere le Vocazioni al sacerdozio quello di diffondere il cattolicesimo.

Attualmente i Serra Club sono diffusi in tutto il mondo, ispirati dallo straordinario esempio luminoso di virtù cristiana e spirito missionario del Beato Junipero Serra.

Cos'è il Serra: scopi e finalità

Il Serra è un movimento internazionale laicale vocazionale della Chiesa Cattolica.

- Il serrano è un laico che si impegna a spianare la via al Signore (Is 40,3-4).

- Gli aderenti al Serra si assumono l'impegno di realizzare, in genuina amicizia e con reciproco aiuto, la propria personale vocazione cristiana al servizio.

- Per il serrano la preghiera è il punto di partenza per motivare il proprio impegno nel campo delle vocazioni sacerdotali e religiose e per orientare le tre principali finalità statutarie.

- Per "favorire le vocazioni" il serrano deve facilitare l'"ascolto" della "chiamata" del Signore; deve quindi impegnarsi là dove le vocazioni non si sono ancora manifestate, vale a dire nella società civile per diffondere i principi etici tradizionali e richiamare la corretta scala di priorità dei valori.

- Per "sostenere le vocazioni" deve porre in essere un vero rapporto di amicizia e confidenza con i sacerdoti, specie i più giovani e quindi più deboli, per sostenerli nei momenti di personale difficoltà o debolezza.

Gli scopi e le finalità del Serra sono:

a) Favorire e sostenere le Vocazioni al sacerdozio ministeriale della Chiesa Cattolica, come una particolare vocazione al servizio e sostenere i sacerdoti nel loro sacro ministero.

b) Incoraggiare e valorizzare le Vocazioni alla vita consacrata nella Chiesa Cattolica.

c) Aiutare i propri membri a riconoscere e rispondere, ciascuno nella propria vita, alla chiamata di Dio alla santità in Gesù Cristo per mezzo dello Spirito Santo.

Indice

Per saperne di più:
www.serraclubitalia.it
www.serraus.org
www.serra.org